EDUARDO AMOS

Se essa rua fosse minha

3ª EDIÇÃO

ilustrações de
Rebeca Luciani

© Eduardo Amos, 2015
1ª edição 1992
2ª edição 2002

Coordenação editorial	Maristela Petrili de Almeida Leite
Edição de texto	Marília Mendes
Coordenação de edição de arte	Camila Fiorenza
Projeto Gráfico	Camila Fiorenza
Ilustração de capa e miolo	Rebeca Luciani
Diagramação	Isabela Jordani
Coordenação de revisão	Elaine Cristina del Nero
Revisão	Dirce Y. Yamamoto
Coordenação de *Bureau*	Américo Jesus
Pré-impressão	
Coordenação de produção industrial	Wilson Aparecido Troque
Impressão e acabamento	A.S. Pereira Gráfica e Editora EIRELI LOTE: 801235 - Código: 12101404

Dados Internacionais de Catalogação na Publicação (CIP)
(Câmara Brasileira do Livro, SP, Brasil)

Amos, Eduardo
  Se essa rua fosse minha / Eduardo Amos ;
ilustrações de Rebeca Luciani. -- 3. ed. --
São Paulo : Moderna, 2015. -- (Coleção girassol)

  1. Literatura infantojuvenil I. Luciani,
Rebeca. II. Título. III. Série.

15-03559   CDD-028.5

Índices para catálogo sistemático:
  1. Literatura infantil   028.5
  2. Literatura infantojuvenil   028.5

ISBN 978-85-16-10140-4

EDITORA MODERNA LTDA.
Rua Padre Adelino, 758 - Belenzinho - São Paulo - SP - Brasil -
CEP 03303-904
Vendas e Atendimento: Tel. (11) 2790-1300
www.modernaliteratura.com.br
2025
Impresso no Brasil

Para Leonardo e Laura, que despertam em mim
a vontade de fazer tudo de novo.
Eduardo Amos

Para minha querida amiga e vizinha Betania.
Rebeca Luciani

Se essa rua fosse minha,
não mandava ladrilhar.
Não deixava botar pedras,
não deixava asfaltar.

Deixaria o chão de terra,
ou talvez plantasse grama.
Encheria as calçadas de flores,
um vasinho em cada poste.
Margarida, amor-perfeito,
azaleia, cravo e rosa.
E na janela de cada casa um gerânio
ou, quem sabe, uma violeta.

Tudo isso eu faria,
se essa rua fosse minha.

Se essa rua fosse minha,

seria toda colorida.

Teria casa amarela,

casa vermelha,

lilás, azul e laranja.

Só não teria casa cinza,

porque cinza é a cor da sombra.

Mas teria casa verde,

porque o verde é a cor da esperança.

Teria também algumas casas malucas.
Uma de bolinhas,
outra cheia de listras.
Uma pintada de rabiscos,
outra toda xadrezinha.

Tudo teria cor.
O poste, a calçada,
e a lata de lixo.
O céu seria sempre azul
e a noite teria muitas estrelinhas.

Assim seria essa rua,
se essa rua fosse minha.

Se essa rua fosse minha,
eu não moraria sozinho.
Eu chamaria muita gente,
pra morar aqui pertinho.

Chamaria um monte de amigos,
alguns parentes,
e até o meu irmão.
São todas pessoas queridas,
que eu gosto muito,
e amo do fundo do meu coração.

O Leo moraria na casa ao lado.
A Camila, na casa da frente.
O André, logo ali na esquina.
A Mariana, no meio do quarteirão.
A Laurinha continuaria morando comigo
porque ela vive no meu coração.

Tudo seria diferente.
Tudo seria tão bom.
Se essa rua fosse minha.

Se essa rua fosse minha,
a gente poderia correr,
andar de bicicleta
e brincar.

Brincar de tudo o que a gente quisesse.

Jogar bola,

pular sela,

e barra-manteiga.

Cabra-cega,

mãe-da-rua

e pegador.

Ah! Quanta coisa a gente poderia fazer!

Em dia quente, contar histórias embaixo da árvore.
Em noite fria, fazer fogueirinha ao relento.

Soltar pipas, só em dia de vento. Em dia de chuva, brincar com barquinho de papel na enxurrada.

Se essa rua fosse minha,
teria feira toda semana.
Lá eu compraria laranja,
chuchu, abobrinha e banana.

Teria muitas bancas de frutas,
algumas de peixes,
outras de verduras e legumes.
Numa ponta da feira
teria uma banca de flores
e, na outra ponta, bem perto da minha casa,
uma de biscoitos, bolachas e pão.

Todo mundo compraria
na feira da minha rua.
E, uma coisa eu garanto,
não seria uma feira cara.
Tudo seria bem baratinho,
na feira da minha rua,
se essa rua fosse minha.

Se essa rua fosse minha,
teria festa de São João,
com quadrilha, foguete e quentão.
A gente faria fogueira,
mandaria correio-elegante.
Só não soltaria balão.

Todo mundo ajudaria
do jeito que pudesse.
Dona Geni, a mãe do André, faria pipoca.
Dona Maria, a canjiquinha.
Seu Otávio tocaria sanfona,
e as crianças, todas juntas,
pendurariam as bandeirinhas.

Seria uma festa daquelas,
se essa rua fosse minha.

Se essa rua fosse minha,
não teria poluição.
Não teria barulho demais,
nem lixo jogado no chão.
Carro soltando fumaça
não passaria por lá.

Ônibus, moto e caminhão barulhento,
nem pensar.

Papel de bala e palito de sorvete,
a gente jogaria no lixo.
Um cesto perto de cada poste.
Seria uma rua limpinha,
se essa rua fosse minha.

Se essa rua fosse minha,
seria desse jeito que você acabou de ver.
Bem bonita, com muitas flores.
Colorida, alegre,
e com todos os meus amigos.

É, a minha rua seria bem assim,
sem tirar nem pôr.

E se essa rua fosse sua?
O que é que você faria?
Qual seria o jeito dela?
Como é que ela seria?

Muito bonita a sua rua.
Muito bonita a minha também.
Mas eu penso que seria mais bonita
se, em vez de ser só minha,
ou em vez de ser só sua,
essa rua fosse nossa.

EDUARDO AMOS

Sempre gostei muito de livros – mesmo quando nem sabia ler. Mas nunca pensei que um dia seria escritor. Também nunca imaginei que, quando entrasse na escola, jamais sairia dela. Pois foi o que aconteceu. Primeiro fiquei na escola como aluno, mais tarde, fui professor e, hoje, minha vida continua ligada à escola como autor de livros didáticos e paradidáticos.

Ah, sim! Eu também fui diretor de teatro e tive minha própria companhia. Mas o que eu gosto de fazer mesmo é escrever.

Este livro nasceu numa manhã de outono quando eu estava trabalhando na minha casa. O silêncio daquela manhã foi quebrado por crianças que cantavam aquela velha cantiga popular num quintal da vizinhança. Parei e fiquei escutando. Ouvir aquela música me fez lembrar da minha rua, lá em Rio Claro, SP, quando eu era criança. Então me veio uma ideia: se essa rua fosse minha, não mandava ladrilhar. Daí, trabalhei muito aquela ideia inicial e assim saiu este livro. Espero que você tenha gostado de ler tanto quanto eu gostei de escrever.

REBECA LUCIANI

Rebeca Luciani nasceu em La Plata, Argentina, em 1976. Estudou desenho e pintura na Escola de Belas Artes, na Universidade Nacional de La Plata. Em 2000, viajou a Barcelona, cidade onde direcionou seu trabalho criativo para a ilustração. Ali se licenciou na Faculdade de Belas Artes.

Atualmente oferece oficinas de ilustração em Barcelona, São Paulo, Santiago e Buenos Aires.

Em 2006 foi premiada com o White Ravens, na Alemanha, por dois de seus livros: "A la muntanya de les Ametistes" e "Busco una madre".

Em 2008 seu livro ilustrado "La nube de Martín" com texto de Javier Sobrino foi finalista do Prêmio Internacional de Compostela.

Em 2011 recebeu o Premi Serra d'Or por "La princesa malalta".

Em 2012 seu livro ilustrado "Diáfana", com texto de Celso Sisto recebeu o prêmio Açorianos como melhor livro do ano.

Em 2015 recebeu o Prêmio Junceda por seu livro ilustrado "Mishiyu", com texto de Ricardo Alcántara.